LE CAMÉLÉON CASQUÉ DU YÉMEN

CHAMAELEO CALYPTRATUS

Carsten Schneider

Les caméléons casqués du Yémen sont de petits animaux fascinants. Photo : S. Krampe.

Sommaire

Révision : Heiko Werning & Kriton Kunz, remerciements à Nicola Lutzmann

ISBN : 2-915740-33-X

Le Bourg
24140 MAURENS
www.animalia-editions.net

Titre allemand original : Das Jemenchamäleon, *Chamaeleo calyptratus*; © 2004 Natur und Tier - Verlag GmbH, Münster, Germany ; and ISBN : 3-9372285-85-7.

Achevé d'imprimer en avril 2007.
Dépôt légal en mai 2007.

Coordination : Gireg Allain
Traduction : Claire Laué
Révision : Philippe Savarin - Jean-Michel Bour
Impression : Comgrafic, Barcelone

Préface

Depuis toujours, le caméléon tient les hommes sous son charme. Par sa faculté à changer de couleurs, à bouger ses yeux indépendamment l'un de l'autre et à projeter sa langue, il incite les néophytes à l'achat d'impulsion ; ce qui finit souvent mal. Pourtant, si certains paramètres essentiels sont respectés, le caméléon casqué du Yémen s'avère un animal de terrarium robuste, qui, comme dans la nature, s'adapte bien à des conditions climatiques diverses et changeantes. Le caméléon casqué du Yémen est aujourd'hui souvent proposé dans les bourses, par des éleveurs et même dans certaines animaleries. Nombre d'amateurs le maintiennent avec succès en terrarium. Toutefois, la ponte, l'incubation, l'élevage des juvéniles ainsi que le diagnostic et le traitement des maladies, posent encore fréquemment des problèmes. La maintenance du caméléon du Yémen en liberté dans une pièce est possible et constitue une alternative intéressante au terrarium. Une maintenance ponctuelle en plein air est également possible.

J'espère offrir, grâce à mes observations inédites portées par 20 ans d'expérience en terrariophilie, des éléments de réponse pour résoudre les nombreux problèmes qui demeurent malgré les progrès de la terrariophilie et les nombreux ouvrages sur *Chamaeleo calyptratus* qui existent déjà. Ainsi, ce livre de la série de guides Reptilmag est principalement consacré aux problèmes d'accouplement, de ponte, d'incubation, d'élevage des juvéniles ainsi qu'au diagnostic et au traitement des maladies. D'autres sujets ne seront volontairement que brièvement traités.

Carsten Schneider
Achterwehr, été 2005

**Les caméléons casqués du Yémen sont des animaux de terrarium populaires.
Photo : S. Kramp**

Répartition et biotope

L'aire de répartition naturelle du caméléon casqué du Yémen s'étend de la province de l'Asir en Arabie Saoudite, jusqu'à Aden (Yémen) au sud de la péninsule arabique. Sciemment introduit par l'homme en Floride, le caméléon casqué s'y est établi (Love 2003 ; Krysko 2004). On a également localisé des colonies stables sur l'île de Maui à Hawaï (Masuoka 2002). Profitant d'un biotope idéal et de l'absence de prédateurs naturels, elles se sont fortement développées de 2002 à 2004 et représentent une menace pour la faune locale. De plus, la forêt tropicale dense gêne toute intervention humaine visant à contrôler et réguler la population (Hurley 2004). Enfin, d'autres spécimens sont régulièrement abandonnés et survivent parfaitement dans cet environnement favorable.

Chamaeleo calyptratus se trouve dans différents types d'habitat (Necas 1999, Schmidt 1999). Il occupe des biotopes situés entre 500 et 2 800 m d'altitude, aussi bien dans des zones chaudes et humides sujettes à de fréquentes précipitations, que dans des zones arides aux nuits froides. L'hygrométrie et la température varient donc sensiblement. On a par exemple relevé une amplitude thermique de 35 °C le jour à 20 °C la nuit en été.

Caméléon casqué du Yémen dans son habitat naturel. Photo : R. Nagel.

La journée, les individus se trouvent soit au sol, dans les champs de maïs, les broussailles, soit perchés dans les arbres, mais généralement à une hauteur comprise entre 1 et 3 m. La nuit, ils se réfugient pour dormir à l'extrémité des branches les plus hautes. On trouve le caméléon casqué du Yémen aussi bien dans les forêts tropicales de montagne que les plateaux arides à la végétation clairsemée.

Deux biotopes différents au Yémen : forêt tropicale de montagne...

... et zone exploitée par l'homme. Photos : R. Nagel.

Systématique et origine

La famille des caméléons (Caméléonidés) fait partie, au sein de la classe des reptiles, de l'ordre des squamates et du sous-ordre des sauriens. Elle appartient avec les familles des iguanes (Iguanidés) et agames (Agamidés) à l'infra-ordre des *Iguania*.

Le caméléon casqué du Yémen a été placé dans le genre *Chamaeleo* par ses descripteurs, Duméril & Duméril (1851) ; il y est resté depuis. Il appartient au sous-genre *Chamaeleo*, son nom scientifique complet est donc *Chamaeleo (Chamaeleo) calyptratus*. Même si les populations de différentes régions du Yémen et d'Arabie Saoudite se distinguent les unes des autres par des critères visuels, il ne s'agit pas,

Description

Chamaeleo calyptratus fait partie des grandes espèces de caméléons. Dans leur habitat naturel, les mâles mesurent plus de 60 cm et vivent jusqu'à 6 ou 7 ans. En captivité, ils ne dépassent guère 50 cm. Les femelles restent nettement plus petites, elles mesurent seulement 30 cm, et ne vivent que jusqu'à 3 ans lorsqu'elles ont pondu plusieurs fois. La queue représente la moitié de la longueur totale. Les mâles arborent un casque imposant sur la tête mesurant

La capacité légendaire des caméléons à changer de couleur est également très développée chez le caméléon casqué du Yémen. Photo : C. Schneider.

selon les connaissances actuelles, de sous-espèces différentes. Dans la région de l'Asir en Arabie Saoudite vivent des hybrides fertiles, *C. calyptratus* x *C. arabicus*, qui furent faussement décrits par Peters en 1870 comme la sous-espèce *C. calyptratus calcarifer* (Necas 1999).

Le saviez-vous ?

D'après Klaver & Böhme (1986), la famille des caméléons est divisée en deux sous-familles :
- les caméléons « vrais » (Chamaeleoninae) avec quatre genres : Bradypodion, Calumma, Chamaeleo (avec deux sous-genres Chamaeleo et Trioceros) et Furcifer.
- les caméléons terrestres ou à queue courte (Brookesiinae) avec deux genres : Brookesia et Rhampholeon.

jusqu'à 8 cm de haut. Chez les femelles, ce casque est généralement très discret, toutefois il existe des variations interindividuelles. Une crête dorsale s'y rattache, se prolongeant jusqu'au bout de la queue. La gorge comporte également une crête, qui s'étire sous le ventre jusqu'au cloaque. Le corps est couvert d'écailles de tailles différentes selon la zone du corps. L'épiderme est rigide et ne peut croître, les caméléons casqués muent donc à intervalles irréguliers, et perdent leur peau par lambeaux. Ce processus peut durer un à trois jours et les animaux accélèrent la chute de l'exuvie en se frottant aux branches.

La forme du corps est parfaitement adaptée au mode de vie arboricole. Grâce à différents muscles du tronc et aux lobes pulmonaires, *C. calyptratus* est en mesure de « s'aplatir ». Son corps devient alors si mince que même les gros mâles ressemblent presque à une assiette. Cette forme corporelle spéciale sert à parader, à menacer, à se cacher derrière des branches minces et à capter plus de rayons du soleil lorsque l'animal se réchauffe.

Le caméléon casqué du Yémen possède des pieds préhensiles dont les cinq doigts sont soudés par groupes de deux et trois.

Le truc pratique

Les juvéniles développent leur livrée après trois mois seulement. À partir du quatrième mois, les mâles deviennent plus grands que les femelles du même âge, et le casque, les crêtes et la base de la queue croissent proportionnellement plus vite que la tête. En revanche, les éperons des pattes arrière chez les mâles sont nettement visibles dès 10 jours après la naissance, permettant ainsi de déterminer le sexe assez tôt.

À l'avant, on trouve deux orteils à l'extérieur et trois à l'intérieur ; à l'arrière, c'est exactement le contraire. Grâce aux pinces ainsi réalisées, ils peuvent se déplacer en toute sécurité sur les branches, même lorsque celles-ci bougent. Dans ce cas, leur queue préhensile, qui ne peut être abandonnée par autotomie, sert de « cinquième pied ». Le caméléon casqué du Yémen dispose d'une vaste palette de couleurs (blanc, noir, gris, marron, vert, jaune et orange). La couleur de fond du mâle est un vert-jaune clair, interrompu de plusieurs bandes transversales jaunes et de taches brunes sur un fond vert foncé. Les femelles présentent une couleur de fond verte avec de petites raies blanches et des taches brunes. À la vue d'une femelle ou d'un rival, les mâles présentent, pendant la parade, une combinaison de couleurs spectaculaires (raies jaune vif et turquoise avec des points). Lorsqu'elle aperçoit un mâle, si elle est déjà gravide, la femelle arbore sa plus belle livrée (taches turquoise et jaune orangé sur un fond noir) afin de le dissuader.

Le changement de couleurs sert en priorité à la communication au sein de l'espèce et à l'adaptation à l'environnement. En humeur neutre, la couleur de fond du caméléon lui permet de se camoufler parfaitement dans son habitat. Les yeux très particuliers peuvent se mouvoir indépendamment l'un de l'autre et scrutent inlassablement les environs à la recherche de congénères, de prédateurs ou de proies. Sans bouger la tête, les caméléons peuvent avoir une vision sur presque 360°. Ce n'est que lors de l'accommodation, par exemple juste avant de projeter la langue, que les deux yeux se focalisent sur le même objet.

L'ouïe et l'odorat se sont fortement développés tout au long de

Il faut s'enquérir des dispositions légales avant d'accueillir un caméléon casqué du Yémen.
Photo : C. Schneider.

l'évolution. L'odorat et le goût, tous deux perçus par l'organe de Jacobson, ne se distinguent guère mais existent néanmoins (Necas 1999).

Hormis un soufflement, sifflement ou léger couinement en cas de menace, le caméléon casqué du Yémen n'est pas capable d'émettre de sons.

Le mécanisme de fonctionnement de la langue protractile, qui permet de capturer une proie à distance en une fraction de seconde, est prodigieux. La proie est saisie par le bout de la langue en forme de massue puis maintenue par une sécrétion gluante. Le processus complexe de la projection de la langue se déroule en cinq phases, et atteint une portée étonnante, à peu près la longueur totale de l'individu. Mais le caméléon casqué est aussi capable d'attraper directement avec sa gueule des fruits ou des proies se trouvant à sa proximité, sans utiliser sa langue protractile.

Le dimorphisme sexuel est très apparent chez les adultes. Outre les différences de coloration, les mâles sont beaucoup plus grands, portent un casque et des crêtes proéminents, la base de leur queue est plus épaisse et ils possèdent des éperons sur les pattes arrière.

Comportement

Le caméléon casqué du Yémen est un reptile solitaire, diurne et insociable vis-à-vis de ses congénères. Animal poïkilotherme, il a besoin d'un abondant bain de soleil après son repos nocturne. Pour ce faire, il adopte une couleur foncée et étire le plus possible la superficie de son corps exposée au soleil ou à la lampe chauffante en terrarium. Lorsqu'il a atteint sa température moyenne préférentielle (25 à 28 °C), il part à la recherche de nourriture. Lorsque, vers midi, les températures montent au-dessus de 35 °C, il se retire à l'ombre et adopte des couleurs plus claires. Comme d'autres reptiles, les caméléons casqués peuvent se rafraîchir en haletant.

Le saviez-vous ?

Parfois, les caméléons casqués du Yémen présentent un comportement similaire au combat rituel vis-à-vis des humains. J'ai ainsi observé mon mâle réagir très nerveusement, comme face à un adversaire, lorsque ma femme porte un T-shirt rose, par exemple. Parfois, j'ai également observé un hochement de tête ou un tremblement du corps en réaction à la vue d'un humain.

Lorsqu'ils ont très faim, ils recherchent activement de la nourriture, mais généralement ils guettent leurs proies à l'affût.

Lorsqu'un caméléon casqué du Yémen rencontre un congénère, il effectue des mouvements de tête et attend sa réaction (changement de la forme du corps et de la coloration), s'ensuit la contre-réaction. Lorsque, par exemple, deux mâles se rencontrent, ils présentent déjà de loin une livrée bigarrée et se montrent mutuellement leurs flancs gonflés, jusqu'à ce que l'un deux (généralement l'intrus sur le territoire ou le dominé) s'éloigne. Si des individus de même force se rencontrent, on en vient à un combat rituel selon des règles précises : les adversaires s'approchent lentement l'un de l'autre, intensément colorés, en présentant leurs flancs tout gonflés, et ouvrent leur gueule en soufflant bruyamment. Si aucun des protagonistes ne consent à reculer, on en arrive à de violents coups de casque et à des morsures, jusqu'à ce que le dominé s'éloigne avec une livrée assombrie. De graves blessures ne se produisent que très rarement.

En général, même les mâles juvéniles sont plus agressifs et sauvages que les femelles. Mais cela peut s'avérer très différent selon les individus. Ainsi, il y a dans les deux sexes, et même au sein d'une fratrie d'élevage, des individus très dociles, presque collants, et d'autres très farouches qui se cachent dès qu'ils aperçoivent leur soigneur. Les spécimens sauvages ont plus de mal à s'habituer à l'homme et chaque contact les stresse.

La nuit, les adultes dorment généralement sur la branche la plus haute du terrarium, pourvu qu'elle soit suffisamment confortable. Pour dormir, les juvéniles préfèrent les feuilles supérieures et le bout des branches fines.

Le saviez-vous ?

Il a été observé que la maintenance collective en grand nombre sur plusieurs mois des petits d'élevage provoque chez les mâles un comportement anormalement farouche, les rendant soumis et sauvages vis-à-vis du soigneur et même craintifs face à la femelle lors de l'accouplement.

Comportement typique de menace. Photo : C. Schneider.

Protection de l'espèce

Comme tous les caméléons (à l'exception du genre *Rhampholeon*), le caméléon casqué du Yémen est inscrit à l'annexe B du règlement CE 338/97 et à l'annexe II de la convention de Washington (CITES).

L'Annexe B/II comprend toutes les espèces qui ne sont pas nécessairement menacées d'extinction mais

Les caméléons casqués du Yémen sont classés en annexe II de la Convention de Washington sur la protection des espèces.
Photo : M. Schmidt.

dont le commerce des spécimens doit être réglementé pour éviter une exploitation incompatible avec leur survie.

La réglementation concernant les éleveurs de caméléons casqués est la suivante :

À ce jour, si la personne élevant un ou plusieurs de ces lézards :

- ne le fait pas dans un but lucratif,
- si la reproduction de ses caméléons n'a pas pour objectif la production habituelle de spécimens destinés à la vente,
- si le nombre de spécimens cédés à titre gratuit ou onéreux au cours de l'année n'excède pas le nombre de spécimens produits,
- si le nombre d'animaux hébergés n'excède pas 25 caméléons (lézards de moins d'1 mètre),

alors son élevage peut être considéré comme élevage d'agrément et l'exempter de faire une demande de certificat de capacité auprès de la DDSV (Direction Départementale des Services Vétérinaires) de son département ainsi que la demande d'ouverture d'établissement qui l'accompagne.

Lors de l'achat d'un ou de plusieurs caméléons casqués du Yemen (animaux d'annexe B/II), en France ou en Europe, vous devez obtenir du vendeur ou fournir à l'acheteur, pour être en conformité avec la réglementation française et européenne , un certificat de cession ou une facture mentionnant :

- les coordonnées du vendeur
- vos coordonnées
- les noms scientifiques et communs des animaux concernés
- le nombre d'animaux
- la date et le lieu de la transaction
- le montant de la transaction (principalement dans le cas de passage de frontières et en cas de contrôle des douanes)

Pour toutes importations ou exportations, en provenance ou à destination d'un pays tiers tel que les États- Unis par exemple, il faut que vous soyez capacitaires pour obtenir un permis CITES provenant de la DIREN (Direction Régionale de l'Environnement) de votre région. À la frontière ou à l'aéroport, les spécimens doivent être examinés par un vétérinaire.

Acquisition

Avant l'acquisition d'un caméléon casqué, le néophyte devra faire un tour aussi complet que possible de la littérature et s'efforcer de rencontrer un éleveur de caméléons expérimenté. Il est aujourd'hui possible d'acheter des spécimens d'élevage sains de tout âge auprès d'éleveurs ; on évitera autant que faire se peut les spécimens capturés, et ce pour différentes raisons. L'achat dans un élevage procure l'avantage d'obtenir des informations de première main et nombre de conseils sur la maintenance et l'entretien ainsi que sur les particularités et préférences individuelles de l'animal acquis. L'âge exact d'un spécimen d'élevage est également connu. On trouve des éleveurs prêts à céder leurs petits dans les bourses, sur Internet ou dans les annonces du site Internet de la revue Reptilmag (www.animalia-editions.net).

À noter que les magasins spécialisés et les animaleries comprenant une large section de terrariophilie vendent désormais exclusivement des caméléons casqués d'élevage.

Chez un éleveur, on peut aussi observer les parents de l'individu et leur comportement. Photo : C. Schneider.

La plupart du temps, grâce à un examen minutieux, un éleveur de caméléons expérimenté peut juger l'état de santé d'un individu. Pendant la journée, le caméléon doit être actif et ne pas dormir. Les yeux doivent saillir nettement des orbites, la peau ne doit pas pendre, toute ridée, ni être encore couverte de restes d'exuvie. La queue doit être entière et bien dodue. Les carences en vitamines ou autres maladies métaboliques (par exemple, le rachitisme) sont aisément diagnostiquées à l'état des pattes : les membres sont épaissis et leurs extrémités déformées. Les caméléons atteints ne peuvent donc pas se déplacer sur les branches avec dextérité et restent au sol. La gueule doit être dure, ni déformée, ni inflammatoire. De plus, aucun os du bassin ou côte ne devra être visible. Les blessures, les brûlures et les fractures sont bien évidemment facilement détectables. L'individu doit également présenter une livrée multicolore. Lorsqu'on le saisit, il doit fuir avec agilité ou menacer la gueule ouverte. De même, une démonstration de nourrissage (solide et liquide) est indispensable pour vérifier le fonctionnement de la langue (voir chapitre « Maladies »). Les spécimens d'élevage devront avoir au moins deux, voire trois mois lors de l'achat. L'idéal est bien sûr d'avoir un éleveur de caméléon expérimenté à ses côtés lors de l'acquisition ou de pouvoir faire confiance à un éleveur honnête.

Il faut aussi veiller à obtenir un certificat d'origine au moment de l'achat (voir chapitre « Espèce protégée »).

Le truc pratique

Les spécimens sauvages sont souvent affaiblis par les conditions approximatives de maintenance et le transport après leur capture. De plus, les infestations parasitaires sont fréquentes et les gravidités souvent plus précoces. On devra toujours faire effectuer une analyse d'excrément pour détecter les infestations parasitaires chez un caméléon capturé, et le cas échéant le faire traiter par un vétérinaire. Les spécimens sauvages sont souvent très farouches et ont du mal à s'acclimater aux conditions de captivité en terrarium. En outre, la capture dans la nature affecte les populations sauvages et ne devrait pas être encouragée.

Maintenance en terrarium

De nos jours, la maintenance du caméléon casqué du Yémen est relativement aisée pourvu qu'on respecte quelques paramètres essentiels. Son élevage s'effectue sans problème, d'autant que, comme dans la nature, cet animal est relativement tolérant vis-à-vis des variations climatiques.

En principe, les individus devront être maintenus isolés et sans contact visuel avec les autres, car même dans les grands terrariums ou les jardins d'hiver, tout contact est générateur de stress.
En aucun cas, les mâles ne doivent se voir. Et l'œil du caméléon voit tout, même lorsque l'objet se trouve à plusieurs mètres ! Les juvéniles seront séparés à l'âge de 3 ou 4 mois ; autrement ils peuvent présenter des troubles du développement et des maladies dues au stress.

Un terrarium en verre ou en bois, aéré par des surfaces grillagées sur la face frontale et le couvercle au moins, et, mieux encore, sur les cloisons latérales également, est adapté à la maintenance d'un caméléon casqué. Selon les normes allemandes, les dimensions minimales d'un terrarium pour *C. calyptratus* sont 4 x 3 x 6 (L x l x h) multipliés par la longueur museau-cloaque. Le volume requis augmente évidemment lorsque le caméléon grandit. En pratique, les juvéniles sont maintenus ensemble par groupe de cinq dans un bac de 25 x 25 x 50 cm pendant trois mois. Ensuite, ils devront être transférés séparément dans un terrarium de 50 x 50 x 100 cm. Lorsqu'ils atteignent leur maturité sexuelle (à environ 6 mois), je maintiens les mâles individuellement dans des terrariums en verre de 75 x 50 x 120 cm et les femelles séparément dans des terrariums de 50 x 50 x 100 cm. Ainsi, les bacs sont adaptés à la taille des individus, ce qui non seulement facilite l'entretien quotidien, mais garantit aussi un contrôle efficace des repas, sans lequel les proies peuvent se cacher et la nuit, déranger les juvéniles ou même les ronger. En effet, les juvéniles ont une peau très sensible les premiers mois et dorment la nuit d'un profond sommeil, si bien qu'ils pourraient se faire grignoter par de petits grillons. Pour cette raison, il ne faudra en aucun cas laisser des proies devenues trop grosses dans le terrarium.

Mes terrariums sont installés dans une serre afin que la lumière naturelle du soleil les illumine directement le matin et le soir sans que j'aie à les chauffer. Pour le reste, chaque terrarium comporte un projecteur externe de 100 W, ou de 40 W pour les juvéniles. Ils fonctionnent pendant 9 heures l'été et 4 à 6 heures l'hiver. Ils devront être placés de sorte qu'ils ne puissent brûler les animaux. Les adultes ont tendance à se brûler au casque et à la crête dorsale car ces parties de leur corps sont moins sensibles à la douleur. Lorsque la pièce contenant les terrariums ne reçoit pas la lumière du jour, on utilise des tubes fluorescents ou des lampes HQI. Une intensité lumineuse élevée contribue largement au bien-être des individus. De plus, tous les terrariums sont équipés de lampes UV-B internes (pour les adultes : « Repti Glo 8.0 UVB », 30 W de ExoTerra, par exemple ; pour les jeunes : « Radium Ralutec » 7 W/78, 623) car les juvéniles ont véritablement besoin de rayons UV pour se développer sans risque de rachitisme. Les lampes UV sont allumées pendant trois

Le truc pratique

Je considère problématique la cohabitation avec d'autres reptiles et amphibiens car le stress causé par les autres espèces n'est jamais négligeable. De plus, il réside toujours le risque que le cohabitant toléré jusqu'à présent, devienne soudainement une proie. À la rigueur, des geckos nocturnes de tailles adaptées ne dérangent pas le caméléon et consomment les proies nocturnes qui lui ont échappé.

heures par jour pour les adultes et douze heures pour les juvéniles. En raison de leur faible puissance, ces lampes ne risquent pas de brûler les caméléons, même s'ils s'approchent très près. Les spots UV de forte puissance, comme par exemple « Ultra Vitalux » d'Osram constituent une autre possibilité. Ils devront fonctionner à une distance adéquate (environ 80 cm) de l'individu, pendant 20 minutes, 2 à 3 fois par semaine pour les adultes et tous les jours pour les juvéniles. J'ai recours aux ampoules chauffantes ou aux tapis chauffants uniquement dans le cas d'une ponte imminente.

Dans les conditions que je viens d'évoquer, les températures pour les adultes sont d'environ 25 à 30 °C la journée en été, 35 °C directement sous le spot et 18 à

Les juvéniles peuvent être élevés ensemble jusqu'à un certain âge. Photo : C. Schneider.

22 °C la nuit. En hiver, les valeurs tombent à 20 - 25 °C le jour et 15 - 18 °C la nuit. La transition entre l'été et l'hiver ou vice versa, sera réalisée par une réduction ou augmentation mensuelle de la durée de fonctionnement du projecteur. Les températures maximales pour les juvéniles ne doivent pas dépasser 25°C. Le rayonnement solaire direct dans un terrarium en verre peut conduire à une hyperthermie potentiellement mortelle et devra être impérativement évité. Les variations nycthémérales et saisonnières contribuent au bien-être des individus et à leur inclination à s'accoupler.

Comme substrat, j'utilise un mélange de 1 part de terre pour 3 de sable sur une hauteur de 10 à 15 cm. Tous les bacs sont plantés de *Ficus benjamina* et d'*Epipremnum* sp. qui servent de protection visuelle et dont les jeunes feuilles sont mangées avec plaisir par les caméléons. Avant de les introduire dans le terrarium, ces plantes devront être minutieusement rincées pour enlever d'éventuels résidus de produits phytosanitaires. On ne devra pas dépoter les plantes, faute de quoi il deviendra difficile de nettoyer les terrariums, d'en modifier l'aménagement ou, le cas échéant, de chercher une ponte. De plus, j'introduis des morceaux de liège et plusieurs branches correspondant à la taille des pieds pour leur permettre de grimper. On trouve occasionnellement le caméléon casqué au sol, il s'y déplace habilement. Les femelles en particulier aiment bien creuser dans le substrat, ce qui ne signifie pas nécessairement qu'elles sont gravides. Les jeunes sont maintenus sans substrat, l'hygiène s'en trouve améliorée, cela permet d'éviter que les proies ne se cachent et que les juvéniles n'avalent par mégarde des corps étrangers.

Il est utile de ramasser les déjections, au moins une fois par semaine. Les nuisances olfactives sont ainsi éliminées, le risque de maladies dues à une absorption accidentelle de fèces est réduit et le besoin d'une réfection totale du terrarium moins fréquent.

L'idéal est de maintenir les caméléons casqués du Yémen séparément, sans aucun contact visuel avec leurs congénères, afin d'éviter tout stress.
Photo : C. Schneider.

Maintenance en liberté dans une pièce

Peu d'autres caméléons s'adaptent aussi bien que le caméléon casqué du Yémen à une maintenance en liberté dans une pièce avec une baie vitrée, un jardin d'hiver ou une serre. Cette espèce robuste est peu sensible aux fluctuations thermiques ou aux différences d'hygrométrie.

Le caméléon casqué du Yémen est le reptile le plus adapté à une maintenance en liberté dans une pièce.
Photo : C. Schneider.

Il faut cependant veiller à quelques points. Il est important de disposer quelques branches de 2 à 5 cm d'épaisseur pendant librement et n'atteignant pas le sol afin que le caméléon ne puisse pas trop s'éloigner de la façade vitrée. Les caméléons aiment une végétation dense d'espèces robustes (voir plus haut), dont ils dégustent occasionnellement les bourgeons apicaux et floraux. De plus, l'individu doit pouvoir se réchauffer sous un projecteur sans se brûler. Les jardins d'hiver ou les serres devront être réchauffés (pas de température inférieure à 10°C) et offrir des endroits ombragés (pas plus de 35°C). Les jours particulièrement chauds, une circulation de l'air doit être assurée par ventilation forcée.

L'eau peut être fournie par une pipette, un abreuvoir goutte-à-goutte ou une fontaine d'intérieur. Rares sont les individus qui s'habituent à boire dans une coupelle. En outre, il faut assurer une hygrométrie suffisante par la vaporisation fréquente des plantes, car les individus se déshydratent énormément par la peau et la respiration. L'insuffisance rénale constitue alors un risque mortel. La nourriture peut être présentée avec des pinces ou dans une écuelle fixée à une branche.

Le caméléon casqué défèque souvent de la même branche épaisse, on y installera juste en dessous une coupelle de sable destinée à recueillir les déjections.

Je pratique la maintenance en liberté dans une pièce seulement lorsque les individus ont atteint l'âge de six mois. Malgré l'espace offert relativement grand, si un couple est maintenu ensemble, il faudra veiller à ce que les partenaires puissent s'éviter. Même le contact visuel avec d'autres caméléons en terrarium doit être empêché. L'idéal est de tenir prêt un terrarium pour la ponte ou pour une séparation occasionnelle.

Attention !

La prudence est de mise lorsque l'on ouvre la porte de la pièce des caméléons, un animal peut se trouver par terre derrière le battant. Fenêtres et portes doivent toujours rester fermées car les caméléons casqués peuvent aussi grimper le long des encadrements lisses des fenêtres. Les autres animaux domestiques (chats, chiens) représentent un danger pour les caméléons.

Maintenance en plein air

Dès que possible, on devra offrir à ses caméléons une maintenance en plein air dans le jardin ou sur le balcon. Ce changement, bien accueilli, augmente considérablement le bien-être des individus, ce qui se traduit par une activité accrue et une magnificence des couleurs. Un bain de soleil non filtré au grand air augmente la vitalité ainsi que la résistance et stimule la reproduction.

Si les conditions climatiques le permettent, une maintenance en plein air de mai à septembre est également possible la nuit. Pour cela, il faut prévoir un grand enclos grillagé afin que la chaleur ne puisse pas s'y accumuler.

Le truc pratique

Les mailles du grillage du terrarium de plein air devront être assez larges pour laisser entrer toute la lumière du soleil et que suffisamment d'insectes puissent pénétrer dans l'enclos. Si l'on introduit des plantes qui attirent les insectes locaux, on ne nourrira alors les caméléons qu'épisodiquement. Des endroits ombragés et abrités de la pluie devront être disponibles, surtout pour les juvéniles.

Selon la température (en dessous de 15°C) et la fréquence des pluies (plus de trois jours de temps pluvieux), les individus devront, le cas échéant, être transférés dans leur terrarium. Il faut donc que les enclos soient facilement accessibles à tout moment. En outre, il faudra empêcher toute intrusion d'oiseaux, de martres, de chats ou de chiens.

En fonction des conditions climatiques, je maintiens mes caméléons casqués en plein air de fin mai à début septembre environ, séparés dans des volières pliables en bois et grillage de 50 x 50 x 150 cm, permettant de les ramener facilement dans les terrariums pendant les périodes de mauvais temps. Dans les volières, ils bénéficient d'un abri contre la pluie et le soleil. La taille des mailles du grillage et la végétation sont sélectionnées afin que nombres d'insectes de tailles variés (papillons, libellules, syrphes, sauterelles, mouches) puissent entrer dans la volière. Les repas et la vaporisation sont prodigués selon les besoins.

Les caméléons apprécient tout particulièrement un séjour en plein air dans un terrarium bien ventilé de ce type. Photo : C. Schneider.

Alimentation

Les caméléons casqués du Yémen acceptent volontiers aussi bien de la nourriture animale que végétale. Je nourris les adultes tous les 2 à 3 jours et les femelles gravides tous les jours. Ils reçoivent divers insectes d'élevage vitaminés (grillons, criquets, sauterelles, blattes, larves de cétoines dorées), voire des insectes locaux capturés (respectez la législation sur la protection de la nature et des espèces), des os de seiche, de temps en temps un souriceau nouveau-né vivant ou décongelé ou un gecko, et fréquemment des fruits moelleux (entre autres banane, fraise, poire, melon) ou des légumes tendres (par exemple, concombre, poivron, laitue). J'utilise des mélanges polyvitaminés disponibles chez les vétérinaires.

Larve de Zophobas.
Photo : K. Kunz.

Les jeunes feuilles de *Ficus benjamina* sont également mangées avec plaisir. Il existe, à l'évidence, des préférences alimentaires indi-

viduelles. La nourriture est occasionnellement délaissée en cours d'année par des individus isolés en raison d'un manque de variété. Normalement, après un jeûne de 1 à 2 semaines et après un changement de régime, les individus recommencent à se nourrir. Pendant les mois de maintenance en plein air, ce problème n'appa-

Les spécimens acclimatés viennent manger dans la main. Photo : S. Krampe.

Grillons replets dans leur boîte de vente. Photo : M. Barts.

Les jeunes ne mangent ni ne boivent pendant les 2 à 3 premiers jours ; ils se nourrissent de leurs réserves vitellines. Ensuite, ils reçoivent tous les jours des insectes vitaminés (drosophiles, mouches aptères, criquets) de taille proportionnée à la leur, ou si possible, du plancton des prés (invertébrés attrapés à l'aide d'un filet à papillons dans la nature, dans des champs non traités, ne devant contenir naturellement ni espèce protégée, ni provenir d'une zone protégée). Quelques jours de jeûne occasionnels ne sont pas néfastes aux juvéniles. Ils s'hydratent en absorbant les gouttes d'eau après la vaporisation des feuilles des plantes. Après 8 à 10 semaines, il faut diminuer la proportion de mouches d'élevage dans

raît jamais, mes caméléons se nourrissant, selon leurs besoins, de tout ce qu'ils peuvent attraper. Pendant les mois d'hiver, avec des températures plus basses et une durée d'éclairage réduite, les caméléons casqués du Yémen se nourrissent nettement moins.

Hygrométrie et eau de boisson

L'hygrométrie devra être de l'ordre de 50 à 60 % (environ 80 % pour les juvéniles), avec des pics de 100 % après la vaporisation.

Les terrariums des juvéniles sont vaporisés tous les jours, ceux des adultes tous les 2 à 3 jours pour l'apport en eau. Les juvéniles commencent par lécher les gouttes des feuilles. Après quelques semaines, ils boivent, comme les adultes, à l'abreuvoir goutte-à-goutte (en vente dans le commerce spécialisé ou à construire soi-même), que je place au-dessus d'un pot de fleur afin que le substrat ne soit pas détrempé, Ces abreuvoirs goutte à goutte sont composés d'un petit pot en plastique muni d'un tuyau d'alimentation, un robinet permet de réguler la formation des gouttes.

l'alimentation, même s'ils en sont très friands. Elles ne sont pas assez nourrissantes et augmentent le risque de rachitisme. Le plancton des prés capable de voler ne représente naturellement aucun problème. Les fourmis ou les insectes « similaires » sont, en premier lieu, dédaignés par les juvéniles et seulement mangés lorsqu'ils ont très faim. Il en est de même pour les cloportes et les petits escargots. Il faudra tout de même les proposer car ils fournissent du calcium supplémentaire qui prévient le rachitisme. À 16 semaines, les individus ne seront nourris que tous les 2 à 3 jours selon la saison.

Le truc pratique

La préparation polyvitaminée Aminorep (www.aminorep.de) se distingue non seulement par sa teneur en substances nutritives, mais aussi par sa couleur verte. Les proies saupoudrées de vert sont particulièrement convoitées par les caméléons. De plus, on remarque que les insectes eux-mêmes aiment bien manger ce mélange, qui contrairement à d'autres produits n'est pas nocif.

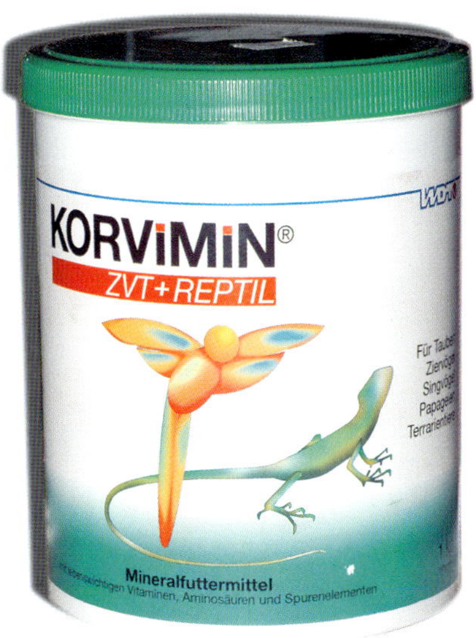

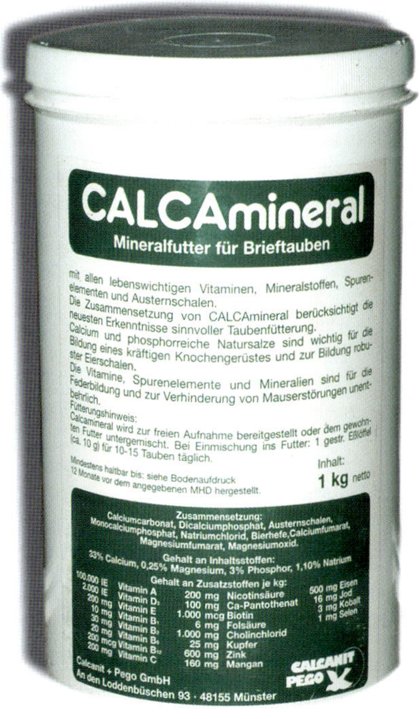

Photos : M. Barts.

Parade et accouplement

En liberté, la saison des amours se déroule de septembre à octobre. En captivité, la reproduction est possible toute l'année, les mâles sont toujours prêts à s'accoupler, alors que les femelles ne sont consentantes que périodiquement.

Avant la copulation proprement dite, la parade nuptiale est un rituel intéressant, qui permet de prédire de manière assez fiable la réussite d'un accouplement grâce au changement de couleur de la femelle :

Dès que la femelle est laissée avec le mâle dans l'enclos extérieur ou dans le terrarium, il se précipite vers elle en hochant la tête. Il gonfle ses flancs puis les aplatit afin d'augmenter sa hauteur. Il revêt simultanément sa

Les mâles sont prêts à s'accoupler pratiquement en permanence. Photo : C. Schneider.

plus belle livrée. D'abord indifférente, la femelle prend une couleur neutre vert foncé lorsqu'elle est disposée à s'accoupler. Ensuite, elle marche lentement et attend le mâle. Lorsque celui-ci la rejoint, à coups de casque précis, il l'empêche de fuir et la place dans une position favorable à l'accouplement. Une fois parvenu à ses fins, il grimpe sur elle par derrière, s'agrippe et pousse son cloaque sous celui de sa partenaire qu'elle a préalablement légèrement soulevé pour faciliter l'accouplement. Celui-ci peut durer entre 20 et 40 minutes et être renouvelé les jours suivants. Si tout s'est déroulé normalement, le premier accouplement a réussi. Les deux partenaires restent calmes, même si habituellement ils sont très farouches. Je les sépare ensuite et les rassemble de nouveau les jours suivants si nécessaire.

On peut considérer les mâles disposés à s'accoupler en permanence à partir du sixième mois. Les juvéniles n'effectuent ni parade ni accouplement. À partir du neuvième mois, les femelles sont prêtes à s'accoupler à des périodes déterminées. Lorsqu'elles sont mises en présence d'un mâle, elles manifestent immédiatement leur consentement par ce changement de couleur caractéristique. Si la femelle n'est pas prête, elle ouvre sa gueule lors du contact visuel et essaye de fuir rapidement. De plus, elle vire au brun ou au noir. Si le mâle la poursuit, elle tente de l'empêcher de grimper sur elle en le mordant et en lui donnant des coups de casque explicites. Il se calme alors et ne s'expose guère aux morsures.

Il est rare qu'un mâle très agressif tente de s'accoupler malgré la résistance de la femelle. Si toutefois cela se produisait, l'accouplement ne serait pas couronné de

Le truc pratique

Même si certaines femelles atteignent précocement la maturité sexuelle, on ne devra pas les accoupler avant l'âge de 12 mois. Le risque encouru est une rétention d'œufs ou bien la mort des jeunes femelles par épuisement après une gestation et une ponte éprouvantes. L'accouplement n'affecte les mâles que très modérément, ils peuvent donc se reproduire dès l'âge de six mois environ.

succès. Si une femelle est déjà gravide au moment de la parade nuptiale du mâle, elle arbore sa plus belle livrée (couleur de fond noire avec des points orange et turquoise) et se montre récalcitrante. Je sépare toujours les individus immédiatement lorsque la femelle n'est pas consentante pour ne pas stresser inutilement les deux partenaires.

Gestation, ponte, incubation et naissance

Cinq jours après un accouplement réussi, la femelle fait preuve d'un appétit nettement accru. On lui donnera des petits morceaux d'os de seiche, des insectes vitaminés et des fruits, ainsi qu'un souriceau une fois par semaine. Comme pour l'élevage des juvéniles, il faudra éviter un surdosage de vitamines (pas plus d'une pointe de couteau de poudre vitaminée par jour) ; ce produit peut en effet causer une intoxication. La femelle prend rapidement de l'embonpoint et, deux à trois semaines après, on peut voir la forme des œufs se dessiner à travers la peau de son abdomen. Bientôt, la femelle gravide ne mangera plus que des fruits moelleux et de l'os de seiche à l'aide de pinces. Elle boit beaucoup. Quelques jours avant de pondre, elle explore le terrarium en tous sens et commence à creuser. Les conditions de ponte doivent être réunies faute de quoi une rétention d'œufs peut survenir. Et, sans intervention vétérinaire, cette pathologie peut être fatale à la femelle. On introduit, dans un grand terrarium, un récipient de ponte grand et haut (au moins 30 cm), par exemple un seau de 10 litres, garni d'un mélange humide sable-terre, et

Les accouplements devront toujours se dérouler sous surveillance afin de pouvoir intervenir à tout moment en cas de problème. Photo : C. Schneider.

chauffé à température adéquate au moyen d'un petit tapis chauffant par exemple (environ 15 W) placé sous le substrat.

La femelle creuse de plus en plus et devient très agitée. 22 à 36 jours après l'accouplement, la femelle creuse, généralement la nuit, un nid si profond qu'elle y disparaît entièrement. Ensuite, elle se tourne et dépose de 20 à 80 œufs au fond de l'excavation, le plus souvent environ 40. Après avoir pondu, elle recouvre minutieusement le trou avec du sable et pour finir, dame le sol. Dans le terrarium, ou le seau,

Le truc pratique

J'utilise une autre méthode pour la ponte : grâce à une observation attentive, je peux prévoir la date de la ponte à un ou deux jours près (les œufs se dessinent sur la peau du ventre, la femelle est agitée et creuse dans le substrat). Je la transfère alors dans un seau de 10 litres rempli aux 2/3 d'un mélange humide (mais non détrempé) sable-terre (proportion 2 : 1) et recouvert de toile moustiquaire tendue. Je place au-dessus une ampoule de 40 watts en guise de source de chaleur. Ce procédé facilite le transfert ultérieur des œufs dans l'incubateur et épargne l'aménagement du terrarium. Mais il faudra une certaine expérience avant de pouvoir prévoir très exactement l'imminence de la ponte.

l'entrée du trou n'est plus visible. Au sein d'une même ponte, les œufs peuvent être de différentes tailles (allant de 7 x 10 mm à 17 x 20 mm) et de poids variant de 0,7 à 1,8 g. Généralement, les petits œufs ne sont pas fécondés et s'affaissent dans les 3 ou 4 premiers mois, puis commencent à pourrir.

Afin d'optimiser les conditions d'incubation et de les protéger des proies, des parasites et de tout agent pathogène, les œufs devront toujours être transférés dans des boîtes à grillons garnies de vermiculite humide mais non détrempée. Pour transférer les œufs, je les dégage précautionneusement avec une cuillère et un pinceau et je fais une marque sur le haut des œufs avec un crayon à papier. On enterrera les œufs aux 2/3 dans le substrat, et les boîtes seront placées, couvercles fermés, dans un incubateur à température constante de 28,5 °C pendant environ 6 mois. Les œufs fécondés augmentent fortement de volume durant les trois premiers mois.

Les œufs non fécondés conservent la même taille et se dessèchent 4 à 10 semaines après la ponte.

Femelle dans un « seau de ponte ». Photo : C. Schneider.

On fait une marque sur le dessus de l'œuf avec une mine tendre pour éviter un retournement ultérieur. Photo : C. Schneider.

La vermiculite est un substrat d'incubation parfait. Photo : C. Schneider.

Le truc pratique

Je vérifie les œufs chaque semaine. Ce faisant, l'air contenu dans la boîte est renouvelé et si l'on voit que les particules de substrat sont sèches en surface, on humidifiera à nouveau la vermiculite.

D'après mon expérience, jusqu'à 25 % des œufs d'une ponte peuvent être non fécondés. Il faudra les retirer avant qu'ils ne commencent à pourrir et qu'ils ne contaminent les autres œufs par des agents pathogènes et des champignons. Grâce à cela, je n'ai jusqu'ici jamais déploré de problème de moisissure ou pourriture sur les pontes.

Il arrive fréquemment que mes femelles pondent plusieurs fois (jusqu'à 4 fois) sans qu'il y ait eu d'autres accouplements. Le taux d'œufs non fécondés est alors nettement plus élevé, et peut même concerner l'ensemble de la ponte.

Les femelles sont très affaiblies après la ponte. Si elles n'absorbent ni nourriture ni eau dans les 2 à 3 jours qui suivent, je les gave. Une bouillie, à confectionner soi-même, de grillons des steppes (2 gros), de bananes (environ 1/10 d'un fruit) et de poudre multi vitaminée s'est avérée efficace. Cette bouillie sera tout d'abord acceptée à contrecœur, puis plus facilement ensuite. De plus, après cha-

La première petite tête dépasse...Photo : C. Schneider.

que repas, il faudra leur donner de l'eau au moyen d'une pipette. En premier lieu, je répète l'opération tous les jours, puis tous les 2 à 3 jours. Avant chaque gavage, on vérifiera avec un criquet si la « patiente » s'alimente de nouveau de façon autonome. De plus, on proposera de l'eau fraîche quotidiennement. La femelle se rétablit ainsi en 2 semaines environ. Si l'on ne réagit pas immédiatement, les mères développent des carences entraînant un rachitisme ou une défaillance de la langue, ou meurent de faim ou de soif. Le risque est plus important chez les femelles qui ont déjà pondu plusieurs fois.

Attention !
Si la femelle n'a pas de substrat adapté pour la ponte à sa disposition ou ne bénéficie pas des paramètres climatiques adéquats, il peut se produire une rétention d'œufs, qui risque de lui être fatale. J'ai également remarqué que si la femelle est stressée, elle pondra ses œufs hâtivement n'importe où dans le terrarium. On appelle ce comportement un « rejet » de la ponte.

Parfois, le contour de certains œufs dans l'incubateur se modifie prématurément à 5 mois, bien qu'il n'y ait aucun signe d'éclosion imminente. Ils s'affaissent et commencent à se dessécher même s'ils sont posés sur la partie humide du substrat. Ce sont principalement les plus petits œufs qui sont concernés. À l'intérieur se trouvent des embryons entièrement formés qui dépérissent durant la phase finale de leur développement. Parfois, jusqu'à 25 % de la couvée est touchée. Ce phénomène s'explique par une carence vitaminique chez la mère due à un apport insuffisant car j'ai fréquemment atteint presque

Ça y est ! Le petit s'est libéré de la coquille. Photo : C. Schneider.

Le saviez-vous ?

J'ai déduit de mes observations les relations suivantes concernant les paramètres d'incubation : plus la température d'incubation est élevée (jusqu'à 35 °C) et le substrat humide, plus la période d'incubation est courte et les juvéniles petits et frêles, et plus il y a de mâles.

100 % de naissances réussies dans les mêmes conditions d'incubation.

Les œufs qui demeurent bien rondelets jusqu'au cinquième mois, laissent entrevoir une éclosion réussie. Malheureusement, les embryons sont rarement visibles à travers la coquille d'œufs par diaphanoscopie (observation par transparence). Juste avant l'éclosion (à environ 200 jours dans les conditions d'incubation cités plus haut), des gouttes suintent à la surface et l'enveloppe de l'œuf se creuse. Ensuite, le petit caméléon fend la coquille avec sa dent de l'œuf (une dent spécialement formée à cet effet et

Les nouveau-nés restent encore environ une journée dans la boîte d'incubation. Photo : C. Schneider.

qui tombe après la naissance), puis tente de s'extraire de l'œuf en se tortillant. D'abord, seule la tête émerge. Une fois sortie, la fin de la naissance se déroule à la vitesse de l'éclair. Toutefois, du moment où l'œuf est fendu jusqu'à la libération complète, il peut se passer 36 heures. Bien que cet événement soit rare, si l'éclosion se déroule mal, l'issue peut être fatale. Les nouveau-nés s'enroulent d'abord dans la vermiculite, mais ils commencent rapidement à trotter avec vivacité dans la boîte d'incubation. Ils y seront maintenus une journée puis transférés dans un petit terrarium. En quelques jours, tous les bébés caméléons naissent, avec des tailles variant de 45 à 70 mm. La taille des nouveau-nés dépend aussi bien de la durée du développement de l'œuf que de son volume au moment de la ponte. Avec les conditions de ponte et d'incubation indiquées plus haut, j'obtiens des taux de naissance de 50 à 90 % avec un sex-ratio proche de 1.

L'effort récompensé : juvénile en bonne santé. Photo : C. Schneider.

Qui peut résister à ce spectacle ? Photo : C. Schneider.

Élevage des juvéniles et ses problèmes

Après la joie des naissances, les difficultés commencent vraiment. En fonction de l'éclosion, entre 20 et 50 petits caméléons devront être élevés et hébergés. Je les transfère par groupe de cinq, de taille similaire, dans de petits terrariums (25 x 25 x 50 cm) équipés d'une lampe UV-B (7 %) et d'une ampoule de 40 W. Ils sont déjà très agiles après la naissance et peuvent se déplacer habilement sur de fines branches. De plus, ils menacent la gueule ouverte et tentent de mordre lorsqu'on les saisit. Il faudra veiller à ce que les petits ne se blessent pas en essayant de sauter de la main pour s'enfuir. Les terrariums d'élevages seront dépourvus de substrat, il est ainsi plus facile de les tenir propres et on évite que les juvéniles n'avalent des morceaux de substrat lorsqu'ils attrapent leurs proies avec la langue. Ils seront munis d'une végétation drue (les graminées conviennent bien) et de plusieurs branches fines permet-

Juvéniles s'attaquant à la boîte de nourriture contenant des micro-grillons. Photo : C. Schneider.

tant d'escalader. Pour le bien-être des jeunes, il devra y avoir de nombreux endroits pour se cacher et des supports proches d'une source de lumière. Il faut maintenir ces conditions d'élevage en petits groupes pendant 8 à 10 semaines. En définitive, élever jusqu'à 50 individus séparément n'est pas très pratique. En outre j'ai pu observer que, grâce à l'émulation, les juvéniles maintenus ensemble se nourrissaient mieux et grandissaient plus vite que leurs frères et sœurs du même âge maintenus séparément. Malgré tout, il faudra toujours bien observer le comportement social des juvéniles. Dès les premières manifestations de stress, en particulier chez les mâles, (par exemple, coloration sombre, agressivité entre individus, ralentissement de la croissance), ils devront être séparés. Faute de quoi, des problèmes se révéleront ultérieurement : comportement farouche, faible inclination à s'accoupler et troubles de la croissance.

Comme on l'a vu, les juvéniles mangent déjà des insectes vitaminés adaptés à leur taille quelques jours après leur naissance. Ils devront recevoir, autant que possible, une nourriture variée. Il faudra aussi veiller à ce que les plus petits puissent s'alimenter suffisamment. En fonction de la nourriture offerte, les juvéniles grandissent vite et régulièrement.

Mais un développement accéléré (maturité sexuelle à 3 ou 4 mois, fin de la croissance à huit mois) n'est pas souhaitable car il conduit souvent au rachitisme en précipitant l'assimilation minérale au niveau du squelette.

À partir de la seizième semaine, les mâles sont nettement plus grands que leurs sœurs. Il faut également faire particulièrement attention à l'apport en fluide lors de l'élevage ! Si les terrariums

Une alimentation appropriée et un apport en eau suffisant constituent les conditions préalables d'une croissance saine et rapide.
Photo : C. Schneider.

Les juvéniles ont besoin de branches plus minces que les adultes pour grimper. Photo : C. Schneider

Les petits maîtrisent déjà parfaitement leur langue protractile. Photo : C. Schneider

d'élevage ont des grilles d'aération à maille très fine pour éviter les fuites de drosophiles, l'humidité risque d'atteindre la saturation. Il faut tous les jours assurer une circulation d'air suffisante, ou augmenter la proportion de toile moustiquaire par mètre carré de vitre. Les terrariums en bois présentent un avantage dans ce cas.

Les jours de soleil, je transfère les juvéniles dans de petits terrariums grillagés où ils se sentent visiblement bien et ont la possibilité de manger de petits insectes provenant de la nature. Après environ six semaines, les juvéniles peuvent être transmis à des terrariophiles expérimentés (assurez-vous que l'acquéreur est réellement motivé et compétent).

Il est essentiel de fournir plusieurs abris pour les élevages en groupe. Photo : C. Schneider.

Maladies et thérapies possibles

Le diagnostic et la thérapie des maladies sont toujours très difficiles chez les caméléons casqués du Yémen. Moi-même, docteur en médecine, il m'est parfois difficile d'identifier les causes d'une maladie. Des signes tels que le refus de s'alimenter, la diarrhée, les vomissements et la perte de vitalité, sont très généraux et symptomatiques de nombreuses maladies.

De nombreux vétérinaires n'ont pas l'expérience des maladies des reptiles, c'est pourquoi je souhaite donner quelques indications permettant d'éviter ou de traiter certaines maladies. En principe, il faudra consulter un vétérinaire spécialisé en reptiles pour chaque cas. Bien évidemment, pour tout terrariophile, la première priorité devrait être d'éviter, grâce à une maintenance et une alimentation adaptées, l'apparition des maladies. Car malheureusement, lors-

Le truc pratique

Après l'acquisition d'un nouvel individu, il est très important de le mettre en quarantaine pendant huit semaines dans un terrarium stérile afin de protéger la population déjà présente. La désinfection du terrarium devra s'effectuer uniquement avec de l'eau oxygénée ou des préparations alcoolisées pour éviter que les individus ne s'intoxiquent. Pour éliminer le calcaire, les écuelles et abreuvoirs goutte-à-goutte ne devront jamais être traités avec des détergents trop agressifs.

que les symptômes sont décelables, la maladie est souvent déjà à un stade avancé, et les chances de survie de l'animal sont très faibles. En observant régulièrement le comportement des individus, on peut parfois porter un diagnostic précoce et empêcher la progression de certaines maladies.

Infections et parasitoses

En captivité, l'équilibre physiologique entre l'hôte (le caméléon) et le parasite est perturbé par l'affaiblissement du reptile dû au changement défavorable des paramètres environnementaux après sa capture dans la nature et le stress qui en résulte.

Une maintenance trop sèche favorise les troubles de la mue. Photo : C. Schneider.

Avec des soins appropriés, les caméléons casqués du Yémen sont assez résistants aux maladies. Photo : S. Krampe.

À l'inverse de ce qui se passe dans le milieu naturel, les agents pathogènes prennent le dessus sur l'hôte et entraînent des troubles de santé. Les juvéniles, en particulier, sont sujets aux contagions à cause de la densité du décor, de la fréquence des déjections et de la prise des repas. Comme le système immunitaire n'a que très peu d'effet sur une maladie contagieuse, elle peut être fatale dans 50 % des cas.

Si les individus acquis ne proviennent pas directement d'un éleveur, ou si ce sont des individus capturés, on devra les examiner à la recherche de parasites externes (ectoparasites : acariens et tiques) et, lorsque c'est possible, les retirer avec une pince. Après consultation vétérinaire, les acariens doivent être traités avec des préparations adaptées. Les parasites se trouvant sous la peau (larves de ténia et ascarides) ne peuvent être retirés que chirurgicalement par un vétérinaire. En outre, il est judicieux d'envoyer des échantillons de déjections à un laboratoire spécialisé, pour les faire analyser et détecter les parasites internes (endoparasi-

Si l'on soupçonne l'apparition d'une pathologie, il faudra consulter un vétérinaire spécialisé au plus vite. Photo : C. Schneider.

tes), les vers et les organismes unicellulaires (entre autres, amibes, coccidies). Si une maladie est diagnostiquée, le vétérinaire prescrira un traitement. Seule une cure vermifuge de Panacur® (= Fenbendazole, 25 à 100 mg/kg de masse corporelle) contre les nématodes ou de Molevac® (= Pamoate de pyrvinium, 1 ml/kg de masse corporelle) contre les oxyures peut s'effectuer en automédication car un surdosage minime n'est aucunement néfaste au caméléon. Toutefois, la consultation vétérinaire est toujours préférable. Les antibiotiques et bien d'autres médicaments, même en cas de léger surdosage, sont toxiques voire fatals. Ils devront toujours être administrés selon la prescription vétérinaire !

Une exophtalmie est souvent le signe d'une conjonctivite ou de la phase finale d'une infection bactérienne à *Pseudomonas*. Si généralement une conjonctivite se résorbe spontanément ou à l'aide d'antibiotiques, il n'y a en revanche plus rien à faire en phase terminale de pseudomonose. Le système immunitaire est, à ce moment, déjà très affaibli et les caméléons périssent malgré l'antibiothérapie.

Le truc pratique

Qu'il soit négatif ou positif, le résultat d'une analyse de fèces devra être confirmé par l'analyse d'un deuxième échantillon après trois semaines.

La pneumonie représente une maladie relativement rare. La combinaison d'une maintenance trop froide, trop humide et d'une atmosphère confinée avec un système immunitaire affaibli peut causer une infection pulmonaire. La respiration devient plus profonde et plus rapide et l'on trouve du mucus sur la gueule ouverte. Les infections virales sont très difficiles à diagnostiquer et à traiter chez les caméléons casqués.

Dans certains cas douteux, pour déterminer les causes de la mort, il faudra pratiquer une autopsie. Votre vétérinaire vous indiquera l'adresse d'un institut approprié.

Troubles de la mue

On parle de trouble lorsqu'une semaine après le début de la mue, il reste encore des lambeaux d'exuvie sur le corps. On envisagera une carence en vitamine A ou des conditions de maintenance trop sèches et/ou trop froides. Si, après avoir modifié l'hygrométrie, le problème subsiste, on peut donner un bain chaud de camomille à l'individu concerné ou appliquer de la pommade Bepanthène® et enlever ensuite les restes d'exuvie à la main. Les restes de peau non retirés peuvent être colonisés par des champignons pathogènes. Chez les juvéniles, ils risquent de provoquer une ligature des extrémités, bloquant l'irrigation sanguine et entraînant une nécrose des organes touchés. Dans tous les cas, ils doivent donc être retirés. Les causes du problème doivent être identifiées et traitées.

Lésions

Les lésions et abcès, en particulier sur la gueule, doivent être immédiatement désinfectés avec

Un comportement anormal indique une maladie. Photo : C. Schneider.

une solution à 5 % de violet de gentiane et 70 % d'alcool ou à 3 % d'eau oxygénée ou encore à 1 % de solution de Bétadine ou de permanganate de potassium. On peut l'étaler à l'aide d'un coton-tige. Les lésions déjà infectées doivent être traitées, après consultation du vétérinaire, avec une pommade ou une poudre antibiotique (par exemple Nebacetin® = néomycine et bacitracine, pendant 14 jours), par antibiothérapie par voie orale (Baytril® = Enrofloxacine 0,5 mg/100 g de la masse corporelle pendant cinq jours) ou par voie intramusculaire (Streptomycine) ; le foyer purulent sera éventuellement cureté par voie chirurgicale.

Les stomatites (infections buccales à *Pseudomonas*) évoluent rapidement et conduisent à la mort des caméléons. Une mycose (à *Fusarium,* par exemple) peut survenir après une lésion ou si les conditions de maintenance sont trop humides et trop froides. En règle générale, la surface de la peau touchée est noire et la mue est gênée. Il faudra la traiter, selon les prescriptions du vétérinaire, avec une solution de permanganate de potassium ou de médicaments antimycosiques car si l'infestation progresse, elle peut causer de graves lésions cutanées. De plus, le risque existe que l'intestin et d'autres organes soient touchés. Un complément de vitamines favorisera la guérison. Naturellement, il faudra dans tous les cas déterminer les causes de la mycose et y remédier.

Les douleurs causées par des brûlures au casque ou à la crête dorsale peuvent être soulagées avec de la crème apaisante Flammazine® (= sulfadiazine argentique). Pour éviter une infection de l'endroit brûlé ou pour la traiter, on appliquera également une pommade ou une poudre antibiotique ou encore du baume du Pérou.

Les abcès doivent être ouverts chirurgicalement par un vétérinaire.

Rachitisme

L'apparition de carences, comme le rachitisme, l'ostéomalacie et la défaillance de la langue, représentent de loin le plus gros problème, particulièrement pour les juvéniles. Malgré les nouvelles préparations comme Aminorep, ces problèmes peuvent soudainement se déclarer au cours de la vie d'un caméléon, en particulier les quatre premiers mois, ou en période de gestation. Des déformations, généralement irréversibles, du casque, des mâchoires, de la colonne vertébrale et de la queue, sont causées par le ramollissement des os ou des fractures. Chez les juvéniles, ce sont les extrémités et les membres qui sont touchés en premier lieu. La maladie handicape énormément les animaux dans leurs mouvements, mais n'est pas toujours fatale à long terme. Ils marchent alors sur leurs genoux. Les côtes deviennent visibles sous la peau du thorax.

On peut prévenir cette maladie grâce à une alimentation variée, une exposition aux UV et des préparations bien dosées de compléments nutritionnels. Ceux-ci devront non seulement contenir du calcium et des vitamines, mais aussi d'autres minéraux et acides aminés. Il faudra, en outre, veiller à un approvisionnement suffisant en eau.

On devra intervenir dès les premiers signes tels que la perte d'appétit, le dysfonctionnement de la langue et la perte de vitalité, car si la maladie progresse, les perspectives de rétablissement diminuent et certains symptômes, comme la déformation osseuse et la défaillance de la langue, sont irréversibles. Personnellement, j'ai exposé mes caméléons de manière intense aux UV (30 minutes par jour sous une lampe Ultra Vitalux d'Osram, à une distance de 50 cm) et augmenté leur appétit avec des probiotiques (bactéries intestinales) disponibles dans le commerce (par exemple Bird Bene Bac, donnez 2 à 3 fois par jours des portions de la taille d'un petit pois dans la bouche), qui restaurent la flore intestinale naturelle. Les deux se sont avérés efficaces.

Si le malade persiste à refuser la nourriture, je commence un gavage quotidien avec une bouillie de grillons en petits morceaux, de bananes et d'Aminorep à l'aide d'une pipette dure, incurvée et pouvant contenir un gros volume. J'y ajoute environ 5 ml d'eau. Si le caméléon est habitué à prendre de la nourriture et de l'eau à la pipette, le gavage est plus aisé. S'il est récalcitrant à ouvrir la bouche, on peut le forcer à l'aide d'une pipette en plastique souple sans abîmer les dents ou la bouche. J'applique ce procédé aux femelles affaiblies après une ponte. À la suite d'un jeûne prolongé, on ne devra pas administrer de trop grosses quantités car l'estomac doit d'abord se réhabituer à la nourriture et les malades risqueraient de vomir la bouillie. De plus, avant chaque gavage, on devra vérifier si l'individu a repris des forces et s'il arrive à saisir avec sa langue des insectes de façon autonome. Grâce à ce procédé, j'ai pu fréquemment sauver des individus que l'on croyait perdus. Ceux atteints d'une apathie avancée (somnolence pathologique) sont généralement condamnés. Tout d'abord, ils présentent, pendant des semaines, une coloration grise puis, peu avant leur mort, de surprenantes couleurs multicolores. Parfois, le stress peut déclencher un refus de s'alimenter, accompagné de couleurs très sombres.

Rétention d'œufs

De mauvaises conditions de maintenance, un substrat de ponte inadapté, du stress, une carence nutritionnelle ou un rétrécissement anatomique des trompes causent fréquemment une rétention d'œufs. La femelle gravide

Important !

En prévention du rachitisme, les petits caméléons ne devront pas être nourris excessivement, afin d'assurer une croissance harmonieuse des extrémités.

n'est pas en mesure de pondre ses œufs. Elle continue de creuser bien que le terme de la ponte soit dépassé depuis longtemps. Cette maladie, particulièrement fréquente chez les femelles trop jeunes, peut s'avérer fatale. Si les œufs commencent à pourrir dans le tractus génital, elles mourront d'une septicémie.

Si malgré des conditions de pontes optimales, on soupçonne une rétention d'œufs, il faut immédiatement consulter le vétérinaire. Parfois, en massant doucement les œufs en direction du cloaque, il peut déclencher le processus de ponte. Si cela échoue, il peut stimuler la ponte en administrant du calcium et de la vitamine D à forte dose, ou en pratiquant des injections de vitamines ou d'hormones et de calcium. Si après une nouvelle administration le jour suivant, on n'arrive pas au résultat espéré, il faudra retirer les œufs par voie chirurgicale pour sauver la vie de la mère. Si les mesures prises déclenchent la ponte, il faudra néanmoins vérifier par radiographie qu'il ne reste aucun œuf.

Troubles de la production d'œufs

Il existe un autre problème de reproduction qui se manifeste surtout chez les vieilles femelles : le plus souvent, après un accouplement unique réussi, elles pondent des œufs non fécondés ou des œufs isolés pendant des mois. Ces femelles finissent par être si affaiblies qu'elles en meurent. Comme il ne semble n'y avoir aucun traitement, je conseille de ne plus faire reproduire les femelles à partir de 3 ans et demi.

Maladies intestinales avec diarrhée

Une mauvaise odeur provenant de la gueule engorgée de mucosités ainsi que des déjections molles (liquides, visqueuses, informes) indiquent un problème du tube digestif. Une diarrhée ou une inflammation intestinale accompagnée de saignements peuvent avoir différentes causes. Il faudra avoir recours à une analyse d'excréments afin de poser un diagnostic car nombre d'agents pathogènes sont responsables de diarrhées. On ne devra effectuer aucun traitement avant d'avoir les résultats de l'analyse, car, en cas d'erreur, il pourrait s'avérer plutôt néfaste (mort de l'individu par intoxication, développement de résistance aux antibiotiques). La déshydratation doit être traitée immédiatement par une solution d'électrolytes, faute de quoi les individus deviennent apathiques et meurent.

En plus de l'eau, il faudra administrer, plusieurs fois par jour, à l'aide d'une pipette, une solution à 0,9 % de sel de cuisine ou une solution de Ringer lactate (disponible en pharmacie ; environ 3 ml/100 g de masse corporelle par jour). Dans le cas où l'animal refuse toute prise orale, les électrolytes peuvent aussi être injectés par voie sous-cutanée par le vétérinaire. Les caméléons nouvellement importés peuvent souffrir de déshydratation due à l'absence d'eau au cours du long transport qu'ils ont enduré. Ils devront être abreuvés abondamment. Ces individus présentent des yeux enfoncés et une peau excessivement ridée. Une atmosphère trop sèche entraîne une perte d'eau par la peau et la respiration, menaçant l'animal de déshydratation.

Constipation

Une constipation, liée à une alimentation déséquilibrée et déficiente en fibres, peut causer un prolapsus du côlon dû à la pression exercée pour déféquer. L'intestin descendu doit alors soit être réintroduit dans la cavité abdominale et cousu, soit être amputé. On peut éviter tout cela en veillant à donner une alimentation variée (insectes pauvres en protéines comme les sauterelles, fruits et peu de souriceaux) ainsi que de l'eau en quantité suffisante.

Goutte

Une déshydratation et/ou une alimentation trop riche en protéines peut mener à la goutte touchant les reins, les viscères et les articulations. Dans le cadre de cette maladie, la dégradation des protéines enrichit les tissus en acide urique, ce qui peut conduire à une insuffisance rénale ou d'autres organes et entraîner la mort de l'animal. Si les articulations sont touchées, les membres se déforment, rendant l'animal incapable de se déplacer. On constatera l'apparition d'une bosse le long de la colonne vertébrale. On peut empêcher le développement de cette maladie en donnant de l'eau à profusion. Une guérison est quasiment impossible. Il vaut donc mieux la prévenir en veillant à fournir suffisamment d'eau et une alimentation saine.

Dégénérescence graisseuse du foie

Les caméléons adultes ne doivent pas être excessivement nourris. Dans son biotope, lorsque la nourriture est abondante, le caméléon casqué du Yémen a en effet tendance à manger de grosses quantités en prévention de temps plus difficiles. En captivité, ce comportement conduit à une dégénérescence graisseuse du foie. Le manque d'exercice renforce la dégénérescence graisseuse rendant l'individu apathique et entraînant une déficience circulatoire causée par l'augmentation de la fréquence cardiaque. Comme aucun traitement spécifique n'est connu, seule une bonne prévention est efficace. Il faut nourrir l'animal régulièrement, en petites quantités et le faire jeûner occasionnellement. La dégénérescence graisseuse est aussi causée par une consommation excessive de souriceaux, de teignes de ruches et de vers de farine. Il existe aussi beaucoup d'autres causes de lipidose hépatocellulaire...

Remerciements

J'aimerais remercier ma femme pour sa lecture critique du manuscrit et particulièrement pour sa patience grâce à laquelle j'ai pu disposer de suffisamment de temps pour me consacrer à mon passe-temps.

Je remercie aussi M. Rainer Nagel pour accepter mes petits caméléons à tout moment et en n'importe quelle quantité, ainsi que pour ses photos du Yémen. Je souhaiterais ensuite remercier les nombreux propriétaires de caméléons des environs qui

Caméléon casqué du Yémen, femelle...

ont mis volontiers à ma disposition des mâles pour les accoupler, permettant ainsi la naissance d'individus sains et non consanguins.

Merci également à mes voisins, qui se sont occupés de mes animaux en mon absence et au Dr. Oliver Wieczorek pour avoir fourni et transporté deux femelles d'élevage en provenance de Berlin. Mes remerciements vont aussi à M. Gerd Winkler pour m'avoir fourni des détails de manière professionnelle.

...et mâle. Photos : C. Schneider.

Informations complémentaires

Si vous souhaitez approfondir les informations données dans ce livre ou avoir une vue plus approfondie de la terrariophilie et de l'herpétologie, vous pouvez devenir membre d'une association de terrariophiles amateurs ainsi qu'effectuer une intense étude de la littérature spécialisée.

La liste suivante doit vous aider à trouver une entrée dans le vif du sujet, mais n'est évidemment qu'un petit extrait.

Internet

En principe, Internet offre une abondance d'informations. Il est cependant presque impossible pour le profane de faire la différence entre ce qui est exploitable et les grossiers mensonges.
En conséquence, tous les rapports publiés sur le World Wide Web sont à apprécier avec prudence.
En surfant sur les différents forums de discussions, on peut aussi trouver de précieuses informations.
Mais tous ceux qui sont disposés à donner des renseignements ne possèdent pas forcément la connaissance de base nécessaire.

Avoir des contacts avec d'autres passionnés et consulter la littérature spécialisée permet d'apprendre énormément !
Photo : C. Schneider.

Revues

En Français :

REPTILMAG

Le magazine des animaux insolites, trimestriel

Le Bourg

24140 MAURENS

Tél. 05 53 24 07 60

www.animalia-editions.net

En allemand :

DRACO

Livret à thèmes terrariophiles

Paraît quatre fois par an

Natur und Tier –Verlag GmbH,

An der Kleimannbruecke 39/41

48157 Muenster

Tel : 0251-13339-0

E-Mail : verlag@ms-verlag.de

www.ms-verlag.de

REPTILIA

Revue spécialisée en terrariophilie, paraît six fois par an

Natur und Tier –Verlag GmbH

An der Kleimannbruecke 39/41

48157 Muenster

Tel : 0251-13339-0

E-Mail : verlag@ms-verlag.de

www.ms-verlag.de

SAURIA

Terrariophilie et herpétologie

Paraît quatre fois par an

Terrariengemainschaft Berlin e.V.

Bruno Treu

Christstr.10

14059 Berlin

E-Mail : abo@sauria.de

Associations

La société allemande d'herpétologie et de terrariophilie est l'association la plus importante en son genre dans le monde, avec plus de 8000 membres et rassemble les scientifiques et les herpétologues amateurs. Les membres reçoivent tous les trimestres au moins trois revues d'herpétologie/terrariophilie différentes.

Deutsche Gesellschaft für Herpetologie une Terrarienkunde (DGHT)

e.V., Postfach 1421

5351 Rheinbach (Allemagne)

Tel. : 02225-703333

http://www.dght.de

E-mail : gs@dght.de

L' Association Française de Terrariophilie regroupe plusieurs centaines de membres. Elle édite une revue trimestrielle destinée à ses adhérents (Situla), ainsi que de nombreux bulletins de liaison. L'AFT organise également une exposition- bourse annuelle rassemblant amateurs et professionnels de la terrariophilie.

Association Française de Terrariophilie (AFT)

64 route du Mont St-Michel

50170 BEAUVOIR

http://www.aft.asso.fr

Bibliographie

Livres

BARTLETT, R.D. & P.P. BARTLETT (1995): Chameleons. – Barrons Educationl Series, Inc., New York

BUNDESMINISTERIUM FÜR ERNÄHRUNG, LANDWIRTSCHAFT UND FORSTEN (Hrsg.) (1997): Gutachten über die Mindestanforderungen an die Haltung von Reptilien. – Bonn (auch über DGHT zu beziehen)

DOST, U. (2001): Chamäleons. – Verlag Eugen Ulmer, Stuttgart

HENKEL, F.W. & S. HEINECKE (1993): Chamäleons im Terrarium. – Landbuch-Verlag, Hannover

ISENBÜGEL, E. & W. FRANK (1985): Heimtierkrankheiten. – Ulmer Verlag, Stuttgart

KIESELBACH, D., R. MÜLLER & U. WALBRÖL (2001): Ihr Hobby Chamäleons. – bede-Verlag, Ruhmannsfelden

KÖHLER, G. (1996): Krankheiten der Reptilien und Amphibien. – Ulmer Verlag, Stuttgart

LE BERRE, F. (1995): The new Chameleon Handbook. – Barrons Educational Series, New York

NECAS, P. (1999): Chamäleons, bunte Juwelen der Natur. – Edition Chimaira, Frankfurt / M.

SCHMIDT, W. (1999): Chamaeleo calyptratus, das Jemenchamäleon. – Natur und Tier - Verlag, Münster

SCHMIDT, W., K. TAMM & E. WALLIKEWITZ (1996): Chamäleons, Drachen unserer Zeit. – Natur und Tier - Verlag, Münster

Articles

DOST, U. (2000): Das Jemenchamäleon, Chamaeleo calyptratus. – DRACO 1(1): 52–56.

HURLEY, T. (2004): Maui chameleons multiplying. – Honolulu Advertiser, Honolulu, 26.4.2004

KLAVER, C. & W. BÖHME (1986): Phylogeny and classification of the Chamaeleonidae (Sauria), with special reference to hemipenis morphology. – Bonn. Zool. Monogr. 22: 1–64.

KRYSKO, K.L., K.M. Enge & F.W. King (2004): The veiled chameleon, Chamaeleo calyptratus: a new exotic species in Florida. – Florida Scientist 67(4): 249–253.

LOVE, B.: Neubürger. – REPTILIA 8(1): 20–21.

MASUOKA, B. (2002): Illegal chameleons may lurk on Maui. – Honolulu Advertiser, 2.4.2002

MODRY, D., P. NECAS & B. KOUDELA (2000): Kokzidieninfektionen bei Chamaeleo calyptratus – ein Problem der „problemlosen Art“ im Terrarium ? – DRACO 1(1): 57–60.

PETERS, W.C.H. (1870): Nachtrag. Chamaeleo calcaratus n. sp. – Monatsber. K. Preuss. Akad. Wiss., Berlin 1869: 445–446.

SCHMIDT, W. (1996): Das Jemenchamäleon. – REPTILIA 1(2): 61–64.

POUR QUE VOTRE
CAMÉLÉON CASQUÉ DU YÉMEN
SE SENT CHEZ LUI !
EXO TERRA®
www.exo-terra.com

Installer Votre
CHAMÉLÉON CAMÉLÉON

Veiller au bien-être de vos reptiles est la **priorité absolue de Zoo Med**. Les produits présentés ci-dessous vous aideront à aménager un terrarium parfaitement adapté aux besoins de votre chaméléon caméléon.

Nous produisons depuis plus de 30 ans des équipements et des produits de qualité irréprochable pour l'élevage des reptiles et nous nous enorgueillissons de veiller au bien-être de vos animaux de la même façon que nous veillons au bien-être des nôtres !

Luminaire double réflecteur Mini Combo

Galerie pour terrarium

ReptiRain® pulvérisateur automatique

Lampes diurne et nocturne Combo Pack

Tube fluorescent Reptisun 5.0 UVB

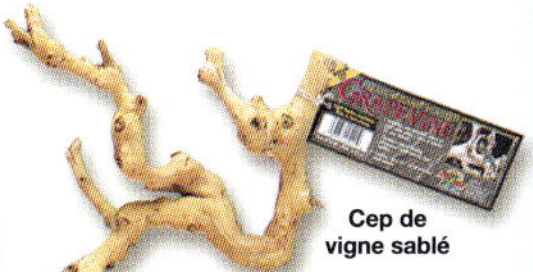

Cep de vigne sablé

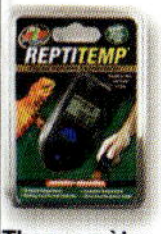

Thermomètre numérique rouge ReptiTemp®

Thermomètre numérique

Thermomètre hygromètre

Plantes Natural Bush

sinfectant et ésodorisant ipe Out 1™

Conditionneur d'eau Reptisafe

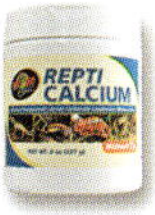

Repti Calcium sans D3

Reptivite avec D3

ZOO MED EUROPE
C/O DHL Euronet
Klaus-Michael Kühnelaan 13
ENA23 Zone 1 nr. 1620
2440 Geel, Belgium
Email: info@zoomed.eu

Pour plus d'informations, visitez notre site

WWW.ZOOMED.EU

Le magazine de terrariophilie